Tadpole Books are published by Jump!, 5357 Penn Avenue South, Minneapolis, MN 55419, www.jumplibrary.com

Copyright ©2020 Jump!. International copyright reserved in all countries. No part of this book may be reproduced in any form without written permission from the publisher.

**Editor:** Jenna Trnka  **Designer:** Anna Peterson  **Translator:** Annette Granat

**Photo Credits:** Bonnie Taylor Barry/Shutterstock, cover, 3, 16; Steve Byland/Shutterstock, 1, 2tl, 2ml, 2bl, 4-5, 6-7; FotoRequest/Shutterstock, 2br, 8-9; Rolf Nussbaumer/Nature Picture Library, 10-11; 888photo/Shutterstock, 2tr, 2mr, 12-13; Mike Truchon/Shutterstock, 14-15.

Library of Congress Cataloging-in-Publication Data
Names: Nilsen, Genevieve, author.
Title: Los cardenales / Genevieve Nilsen.
Other titles: Cardinals. Spanish
Description: Tadpole books edition. | Minneapolis, MN: Jump!, Inc., (2020) | Series: Animales en tu jardín | Includes index. | Audience: Ages 3-6
Identifiers: LCCN 2019041582 (print) | LCCN 2019041583 (ebook) | ISBN 9781645272670 (hardcover) | ISBN 9781645272687 (paperback)
ISBN 9781645272694 (ebook)
Subjects: LCSH: Cardinals (Birds)—Juvenile literature.
Classification: LCC QL696.P2438 N5518 2020 (print) | LCC QL696.P2438 (ebook) | DDC 598.8/83—dc23

**ANIMALES EN TU JARDÍN**

# LOS CARDENALES

por Genevieve Nilsen

## TABLA DE CONTENIDO

**Palabras a saber**................................2

**Los cardenales**.................................3

**¡Repasemos!**..................................16

**Índice**..........................................16

# PALABRAS A SABER

hembra

huevos

macho

nido

pico

plumas

# LOS CARDENALES

¡Veo un pájaro rojo!

**Es un cardenal macho.**

pico

**Es negro alrededor de su pico.**

Esta es una hembra.

marrón claro

**Es roja con marrón claro.**

plumas

8

**Las plumas la mantienen caliente.**

10

baya

**Ella encuentra comida.**

El nido está en un árbol.

huevo

## ¡Los huevos tienen manchas!

Cantan.

¡Pío! ¡Pío!

# ¡REPASEMOS!

**Podemos saber si un cardenal es macho o hembra por sus colores. ¿Es macho o hembra este cardenal? ¿Cómo lo sabes?**

# ÍNDICE

**cantan** 14

**comida** 11

**hembra** 6

**huevos** 13

**macho** 4

**nido** 12

**pico** 5

**plumas** 9